Vente du Mercredi 9 Décembre 1868

OBJETS D'ART

ET DE

CURIOSITÉ

PROVENANT

[Sandely]

De la Collection d'un Amateur

EXPOSITION PUBLIQUE

Le Mardi 8 Décembre 1868

Me CHARLES PILLET
COMMISSAIRE - PRISEUR

M. BLOCHE
EXPERT

PARIS — 1868

Vol 1
8°

RENOU ET MAULDE

IMPRIMEURS DE LA COMPAGNIE DES COMMISSAIRES-PRISEURS

Rue de Rivoli, 144

CATALOGUE

DES

OBJETS D'ART

ET DE

CURIOSITÉ

Armes orientales, Armes occidentales
Bronzes anciens, Orfévrerie
Porcelaines de Saxe, de Sèvres et de Chine
Jades et Objets divers

LE TOUT PROVENANT

De la Collection d'un Amateur

DONT LA VENTE AUX ENCHÈRES PUBLIQUES AURA LIEU

HOTEL DROUOT, SALLE N° 5

Le Mercredi 9 Décembre 1868

A DEUX HEURES

Par le ministère de Mᵉ **CHARLES PILLET**, Commissaire-Priseur,
rue de la Grange-Batelière, 10,
Assisté de M. **BLOCHE**, Expert, passage de l'Opéra, 16,
Chez lesquels se trouve le présent Catalogue.

EXPOSITION PUBLIQUE

LE MARDI 8 DÉCEMBRE 1868

DE UNE HEURE A CINQ HEURES

PARIS
RENOU & MAULDE
IMPRIMEURS DE LA COMPAGNIE DES COMMISSAIRES-PRISEURS
Rue de Rivoli, 144

1868

CONDITIONS DE LA VENTE

Ile sera faite au comptant.

Les Acquéreurs paieront CINQ POUR CENT en sus du prix d'adjudication.

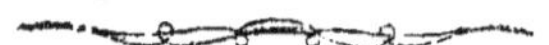

DÉSIGNATION

Armes Orientales

1 — Très-beau Bouclier damasquiné d'or, travail et conservation rares.

2 — Beau Bouclier damasquiné d'or à bossages; à l'envers, garniture de velours rouge galonnée d'or.

3 — Grand Bouclier en peau de rhinocéros, orné de quatre ombilics et d'un croissant damasquinés d'or et d'argent.

4 — Grand Brassard damasquiné d'or, travail très-fin, orné de sa monture en velours de soie rouge, brodée d'or fin.

5 — Brassard damasquiné d'or, monture en mailles de fer.

6 — Brassard damasquiné d'or, même monture que le précédent.

7 — Marteau d'armes en damas.

8 — Grand Fer de lance damasquiné d'or.

9 — Autre plus grand, également damasquiné.

10 — Beau Ceinturon, à plaques rondes et ovales en argent cloisonné, orné de turquoises et incrustations de pierres.

11 — Grand ceinturon en argent niellé; travail d'une grande finesse.

12 — Bel Harnachement de cheval, orné de pierres et de
    coraux.

13 — Grande Plaque de ceinturon en argent doré.

14 — Collier de chevalerie en argent finement ciselé et
    portant sur la boucle la date de 1580.

15 — Autre en argent, même travail.

16 — Collier formé de boutons en argent, avec carac-
    tères orientaux, orné de pendentifs en argent et
    cornaline.

17 — Poignard lame de Damas, poignée en cristal de
    roche.

18 — Beau casque en damas, richement damasquiné
    d'or avec son maillon à quadrilles.

19 — Casque en damas, avec caractères orientaux in-
    crustés d'or, également avec sa maille.

20 — Belle cotte de mailles avec bandes en fer, ornée
    de caractères orientaux incrustés d'argent.

21 — Fragment de mailles en fer.

22 — Poignard en damas, monture en argent, à écaille,
    avec son étui.

23 — Beau canon de fusil en fer, damasquiné d'argent.

24 — Dague en fer, forme vis, avec son étui en fer re-
    poussé.

25 — Canon de fusil damasquiné d'argent.

Armes Occidentales

26 — Grande et belle Épée du xvi⁰ siècle, avec coquille et garde à quillons, travail italien.

27 — Grande Épée du xvi⁰ siècle, à coquille repercée, quillons droits, lame signée d'ANTONIO RUIS.

28 — Épée du xvi⁰ siècle, pommeau uni à quillons droits, arme italienne.

29 — Grande Épée forme rare; lame cannelée, quillons recourbés.

30 — Épée du xvi⁰ siècle; garde, pommeau et quillons gravés.

31 — Belle Épée à coquille ciselée, quillons à têtes de monstres; lame espagnole à arêtes.

32 — Belle Épée de cour Louis XIII, poignée en fer, ornée de têtes chimériques, quillon recourbé, lame espagnole d'ANTONIO RUIS.

33 — Lame d'Epée de garde du corps époque Louis XIV, portant des fleurs de lys gravées et inscriptions diverses.

34 — Autre lame de la même époque.

35 — Dague avec son fourreau, dont les ornements sont très-finement découpés, arme italienne.

36 — Couteau de chasse, manche monté en argent et armé d'un pistolet portant le nom de WETSCHY AUGUSTE.

37 — Beau Pistolet dont la crosse et la monture en cuivre sont gravés en creux; le canon en fer est orné de très-fines gravures.

38 — Joli étui de Dague, en bronze, orné de figures en
haut-relief.

39 — Poignée de Dague en ivoire, pommeau et fusée en-
tièrement ornés de figures et enroulements
sculptés, travail du XVIᵉ siècle.

40 — Couteau dont le manche est en bronze, orné de
figures en relief.

41 — Sabre de la République à garde, avec devise : *Libre
ou mourir!*

Bronzes

42 — Deux Amours en bronze, du XVIᵉ siècle, partie et
contre-partie.

43 — Un Satyre bronze florentin, travail du XVIᵉ siècle.

44 — Un Atlas assis sur une boule d'ivoire, bronze
italien.

45 — Atlas portant la boule des cieux, encrier en bronze
florentin.

50 — Deux Lions en fonte légère, partie et contre-partie,
travail du XVIᵉ siècle.

51 — Marteau de porte, orné de deux mascarons bronze
florentin.

52 — Marteau de porte, représentant deux enfants portant un cartouche, bronze florentin.

53 — Un Mascaron bronze italien du XVIᵉ siècle.

54 — Un Griffon en fer, du XVIᵉ siècle.

55 — Un Angle de coffre en bronze florentin.

56 — Un Sablier en bronze doré à huit pans, aux armes de Prusse.

57 — Une paire de Flambeaux, forme Louis XV contournée, partie et contre-partie.

Porcelaines de Saxe, de Sèvres et de Chine

58 — Magnifique Déjeuner en ancienne porcelaine de Saxe, décor à écailles bleues et guirlandes de fleurs, composé de vingt-deux pièces, dans son écrin du temps.

59 — Très-beau Lavabo et son bassin, et accessoires de toilette en ancienne porcelaine de Saxe, dans son écrin du temps.

60 — Six manches de couteau en ancienne porcelaine de Sèvres, pâte tendre, décor bleu et vert.

61 — Deux Cassolettes en porcelaine de Chine, montées en bronze doré.

62 — Autre décor fond rouge, montée en bronze doré.

63 — Deux Magots en ancienne porcelaine de Chine, l'un blanc, l'autre teinté.

64 — Un petit Vase en céladon vert d'eau, forme carrée.

65 — Une Bouteille en ancienne porcelaine de Chine, famille verte.

66 — Deux Potiches en vieux Japon, avec leurs couvercles.

67 — Une Coupe en ancienne porcelaine de Chine, monture en bronze doré, style Louis XV.

68 — Deux Vases vieux chine, décor bleu de Perse et or, forme boule.

69 — Un autre, forme boule, avec son couvercle.

Jades

70 — Une Bouteille en jade blanc, repercée à jour, sur socle en bois noir.

71 — Une Cassolette en jade blanc, travail repercé à jour, forme plate.

72 — Un Bateau en jade blanc contenant cinq magots sculptés et pris dans la masse.

73 — Une grande Coupe en jade blanc, ornée de poissons en relief; à l'envers sont gravés différents caractères ; 0^m 18 de diamètre.

74 — Une autre également en jade blanc ; 0^m 25 de diamètre.

Orfèvrerie

75 — Reliquaire en filigrane d'argent, orné d'armoiries et renfermant une miniature sur vélin.

76 — Gobelet et Coupe en vermeil aux armes de Napoléon 1er.

77 — Une paire de Flambeaux époque Louis XIV, mo-
dèle à pans.

78 — Cafetière en argent, anse ornée de branches de
vignes.

79 — Six petites Cuillers époque Renaissance.

80 — Gobelet en vermeil dans un étui du temps fleur-
delysé.

81 — Gobelet en vermeil à bosselages au millésime
de 1584.

Objets divers

82 — Statuette en ivoire, d'un beau travail, représentant
la Vierge, sur un socle en ébène incrusté
d'ivoire.

83 — Bas-Relief en ivoire représentant le Père Eternel.

84 — Une Garniture de boîte en laque de Chine ancien'
sujets animaux.

85 — Etau en fer, époque Louis XIII, bien ciselé et portant le nom de Cassamitjan.

86 — Assiette en faïence italienne, ornée de devises et
cariatidés au monogramme de Lodi.

87 — Bas-Relief rond, en marbre blanc représentant
Louis-Philippe ; signé Depoulis F.

88 — Deux grandes Mosaïques de Florence représentant
des cavaliers turcs.

89 — Deux Mosaïques représentant des ruines de Rome.

90 — Collier à clou en fer au millésime de 1673.

91 — Coffre en marqueterie d'ivoire Louis XIII.

92 — Coffre en laque burgauté.

93 — Coffre en acajou.

94 — Coffre avec incrustations de nacre travail Louis XIII.

95 — Petit Coffre à thé en ancienne marqueterie de bois vert signé de Hache, à Grenoble.

96 — Un Amour, d'après Falconnet, en bois sculpté, tenant son carquois, époque Louis XV. Hauteur 0ᵐ 95.

97 — Plaque en mosaïque de Florence représentant des fruits.

98 — Autre Mosaïque et jaspe sur fond en brocatelle d'Espagne.

99 — Deux tisonniers et une pelle en fer époque Louis XV.

Objets de vitrine

100 — Boîte en émail de Saxe, sujets.

101 — Sablier en filigrane vénitien.

102 — Deux Couteaux chinois, manches en bronze tonking, lames en argent.

103 — Etui à ciseaux en argent gravé avec devise : « Sur
la foy je me repose. »

104 — Camée à deux couches, tête de Socrate.

105 — Petit émail sur or : la Gloire couronnant un héros.

106 — Miniature, portrait d'homme.

107 — Bouchon en cristal de roche rubasrose.

108 — Poire en cristal de roche à six pans.

109 — Autre également à cannelures et à six pans.

110 — Couvercle de boîte en porcelaine de Saxe, sujets
peints dessus et dessous.

111 — Joli Cadre avec quatorze médaillons en agate et
ornements burgautés.

112 — Sous ce numéro les objets omis à ce catalogue.

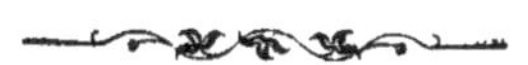

Renou et Maulde, imprimeurs de la Compagnie des Commissaires-Priseurs,
rue de Rivoli, 144   19846

[illegible]

[illegible]

[illegible]

[illegible]

[illegible]

[illegible]

[illegible]

[illegible]

[illegible]